Impressum
Verlag: BABADADA GmbH, Nedderfeld 112 , 22529 Hamburg
Geschäftsführer / Verlagsleitung: Harald Hof
Druck: Books on Demand GmbH, In de Tarpen 42, 22848 Norderstedt

Imprint
Publisher: BABADADA GmbH, Nedderfeld 112 , 22529 Hamburg, Germany
Managing Director / Publishing direction: Harald Hof
Print: Books on Demand GmbH, In de Tarpen 42, 22848 Norderstedt, Germany

la escuela
escola

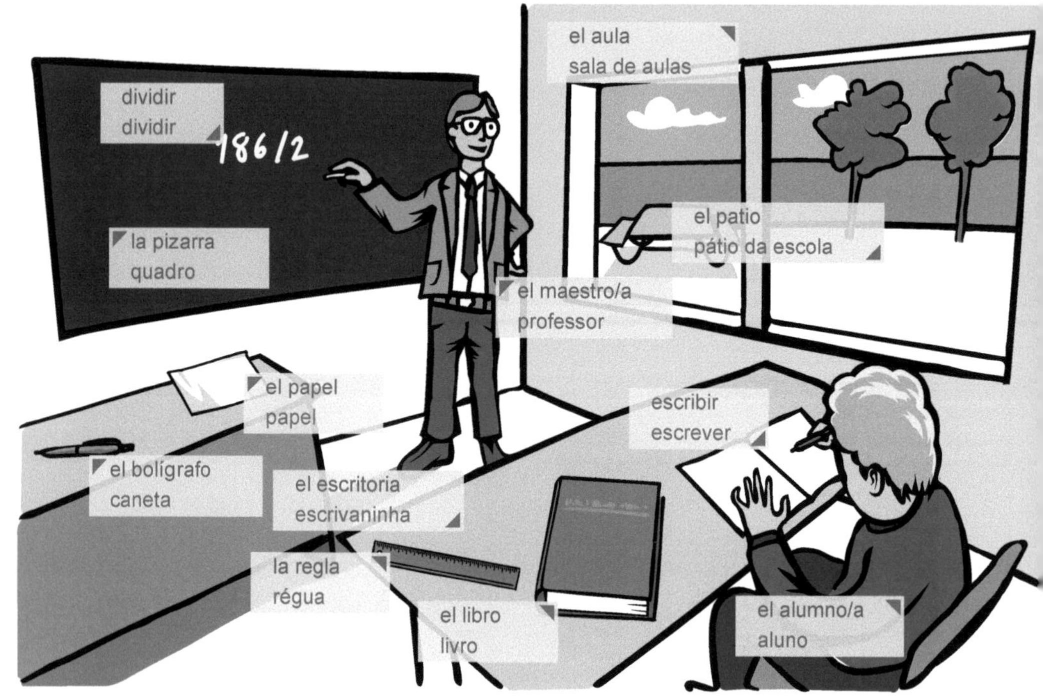
el aula
sala de aulas
dividir
dividir
186/2
la pizarra
quadro
el patio
pátio da escola
el maestro/a
professor
el papel
papel
escribir
escrever
el bolígrafo
caneta
el escritoria
escrivaninha
la regla
régua
el libro
livro
el alumno/a
aluno

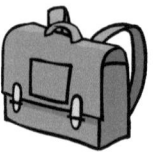

la cartera
sacola

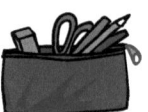

la caja de lápices
estojo de lápis

el lápiz
lápis

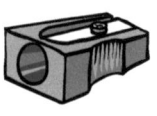

el sacapuntas
apontador de lápis

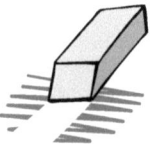

la goma de borrar
borracha

el cuaderno de dibujo
bloco de desenho

el dibujo
desenho

el pincel
pincel

la caja de pinturas
estojo de tintas

las tijeras
tesoura

el pegamento
cola

el cuaderno de ejercicios
livro de exercícios

los deberes
lição de casa

el número
número

sumar
somar

restar
subtrair

multiplicar
multiplicar

calcular
calcular

la letra
letra

el alfabeto
alfabeto

la palabra
palavra

el texto

texto

leer

ler

la tiza

giz

la lección

hora

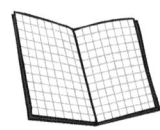

el cuaderno de notas

registro da classe

el examen

exame

el certificado

certificado

el uniforme

uniforme escolar

la educación

educação

la enciclopedia

enciclopédia

la universidad

universidade

el microscopio

microscópio

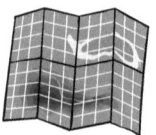

el mapa

mapa

la papelera

cesto de lixo

el viaje
viagem

el hotel
hotel
Grand
el albergue
albergue
ROOMS
EXCHANGE
oficina de cambio de divisas
sa de câmbio
la maleta
mala
el coche
carro

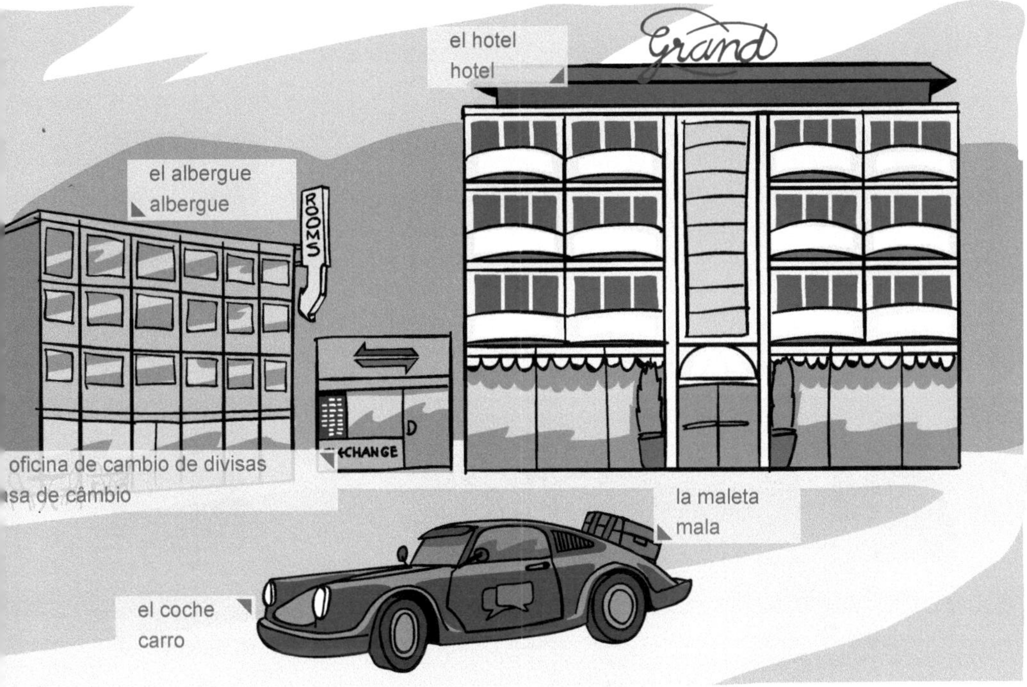

el idioma

idioma

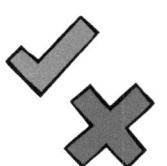

sí / no

sim / não

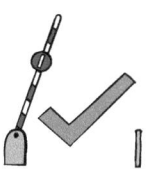

Vale

ok

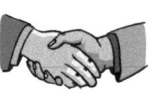

hola

Olá

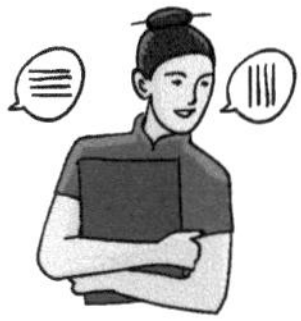

el traductor

tradutor

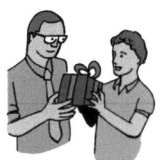

Gracias

obrigado

¿cuánto es...?

quanto custa...?

No entiendo

eu não entendo

el problema

problema

¡Buenas tardes!

boa noite!

¡Buenos días!

Bom dia!

¡Buenas noches!

Boa noite!

adiós

até logo

la dirección

direção

el equipaje

bagagem

la bolsa

bolsa

la mochila

mochila

el invitado

convidado

la habitación

quarto

el saco de dormir

saco de dormir

la tienda de campaña

barraca

la información turística

informação turística

la playa

praia

la tarjeta de crédito

cartão de crédito

el desayuno

café da manhã

el almuerzo

almoço

la cena

jantar

el billete

bilhete

el ascensor

elevador

el sello

selo

la frontera

fronteira

la aduana

alfândega

la embajada

embaixada

la visa

visto

el pasaporte

passaporte

el transporte
transporte

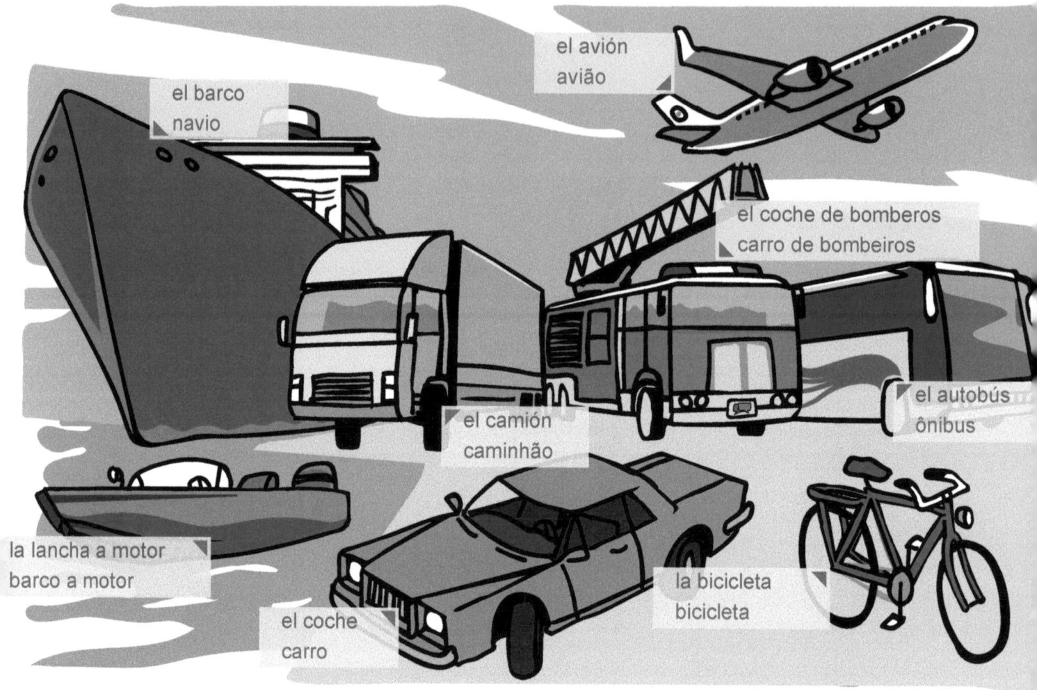
el avión
avião
el barco
navio
el coche de bomberos
carro de bombeiros
el autobús
ônibus
el camión
caminhão
la lancha a motor
barco a motor
la bicicleta
bicicleta
el coche
carro

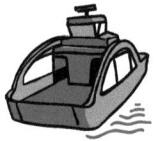

el transbordador

balsa

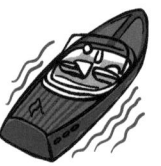

la barca

barco

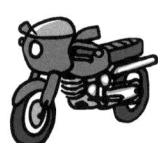

la moto

motocicleta

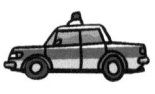

el coche de policía

veículo policial

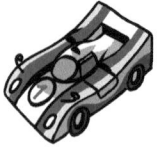

el coche de carreras

carro de corrida

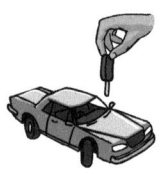

el coche de alquiler

carro de aluguel

el préstamo de vehículos

compartilhamento de automóvel

la grúa

caminhão de reboque

el camión de la basura

caminhão de lixo

el motor

motor

la gasolina

combustível

la gasolinera

posto de gasolina

la señal de tráfico

placa de trânsito

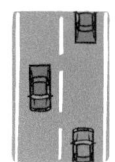

el tráfico

trânsito

el atasco

trânsito lento

el aparcamiento

estacionamento

la estación de tren

estação de trem

las vías

trilhos

el tren

trem

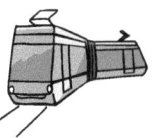

el tranvía

bonde

el vagón

vagão

el helicóptero

helicóptero

el aeropuerto

aeroporto

la torre

torre

el pasajero

passageiro

el contenedor

contêiner

la caja de cartón

cartolina

la carretilla

carroça

la cesta

cesto

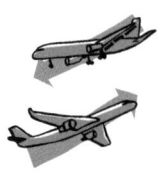

despegar / aterrizar

decolar / pousar

la ciudad

cidade

el pueblo

vilarejo

el centro de la ciudad

centro da cidade

la casa

casa

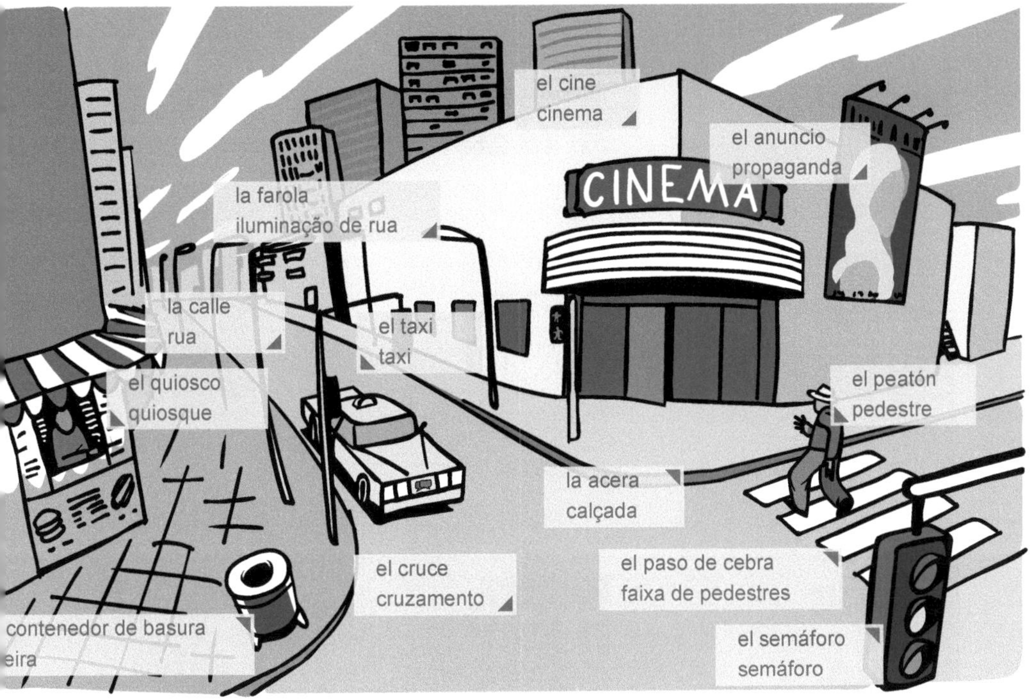

el cine
cinema

el anuncio
propaganda

la farola
iluminação de rua

la calle
rua

el taxi
taxi

el quiosco
quiosque

CINEMA

el peatón
pedestre

la acera
calçada

el cruce
cruzamento

el paso de cebra
faixa de pedestres

contenedor de basura
eira

el semáforo
semáforo

la cabaña
cabana

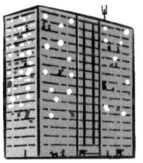

el apartamento
apartamento

la estación de tren
estação de trem

el ayuntamiento
prefeitura

el museo
museu

la escuela
escola

la universidad

universidade

el banco

banco

el hospital

hospital

el hotel

hotel

la farmacia

farmácia

la oficina

escritório

la librería

livraria

la tienda de campaña

loja

la floristería

floricultura

el supermercado

supermercado

el mercado

mercado

los grandes almacenes

loja de departamentos

la pescadería

peixaria

el centro comercial

centro comercial

el puerto

porto

el parque

parque

el banco

banco

el puente

ponte

las escaleras

escadas

el metro

metrô

el túnel

túnel

la parada de autobús

ponto de ônibus

el bar

bar

el restaurante

restaurante

el buzón

caixa de correspondência

el poste indicador

placa de rua

el parquímetro

parquímetro

el zoo

zoológico

la piscina

piscina

la mezquita

mesquita

la granja

fazenda

la contaminación

poluição

el cementerio

cemitério

la iglesia

igreja

el patio de juego

parquinho

el templo

templo

el paisaje

paisagem

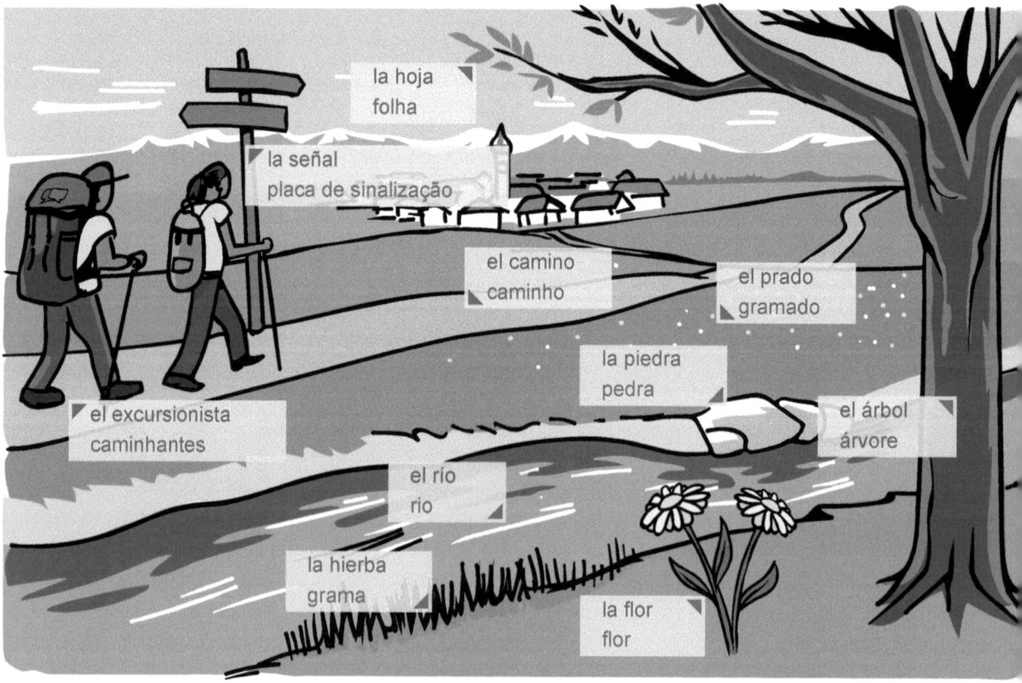

la hoja
folha

la señal
placa de sinalização

el camino
caminho

el prado
gramado

la piedra
pedra

el excursionista
caminhantes

el árbol
árvore

el río
rio

la hierba
grama

la flor
flor

el valle
vale

la colina
montanha

el lago
lago

el bosque
floresta

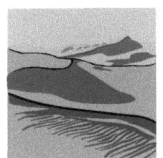

el desierto
deserto

el volcán
vulcão

el castillo
castelo

el arcoíris
arco-íris

el champiñón
cogumelo

la palmera
palmeira

el mosquito
mosquito

la mosca
mosca

la hormiga
formiga

la abeja
abelha

la araña
aranha

el escarabajo

besouro

la rana

sapo

la ardilla

esquilo

el erizo

ouriço

la liebre

lebre

la lechuza

coruja

el pájaro

pássaro

el cisne

cisne

el jabalí

javali

el ciervo

veado

el alce

alce

la presa

barragem

la turbina eólica

aerogerador

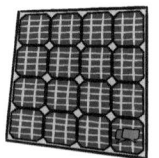

el panel solar

painel solar

el clima

clima

el restaurante
restaurante

el camarero
garçom
el menú
menu
la silla
cadeira
la sopa
sopa
la pizza
pizza
el mantel
toalha de mesa
la cubertería
talheres

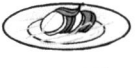

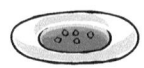

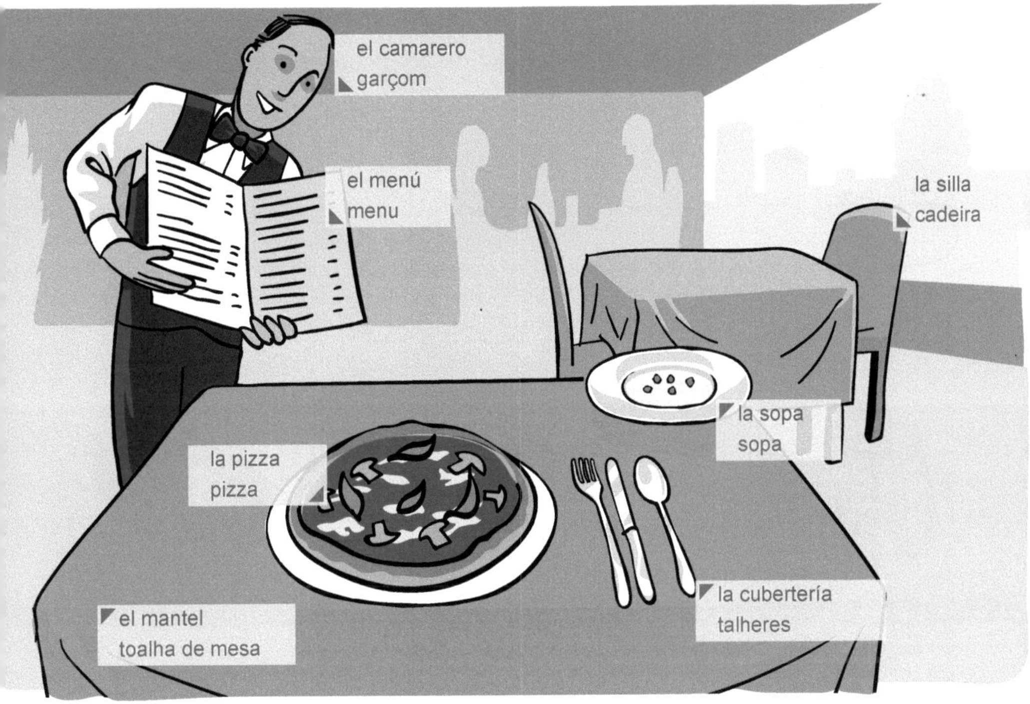

el primer plato

entrada

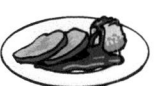

el plato principal

prato principal

el postre

sobremesa

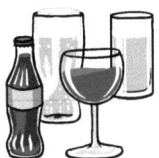

las bebidas

bebidas

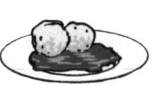

la comida

comida

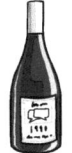

la botella

garrafa

la comida rápida
·················
fastfood

la comida callejera
·················
comida de rua

la tetera
·················
bule de chá

el azucarero
·················
açucareiro

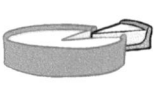

la porción
·················
porção

la cafetera expreso
·················
máquina de expresso

la trona
·················
cadeirão

la cuenta
·················
conta

la bandeja
·················
bandeja

el cuchillo
·················
faca

el tenedor
·················
garfo

la cuchara
·················
colher

la cucharilla
·················
colher de chá

la servilleta
·················
guardanapo

el vaso
·················
copo

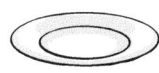

el plato
prato

el plato hondo
prato de sopa

el platillo
pires

la salsa
molho

el salero
saleiro

el molinillo de pimienta
moedor de pimenta

el vinagre
vinagre

el aceite
óleo

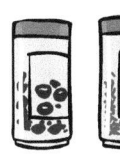

las especias
especiarias

el ketchup
ketchup

la mostaza
mostarda

la mayonesa
maionese

el supermercado

supermercado

la oferta especial
oferta especial
FOR
el cliente
cliente
los lácteos
laticínios
la fruta
frutas
el carro de compra
carrinho de compras

BUTCHERS

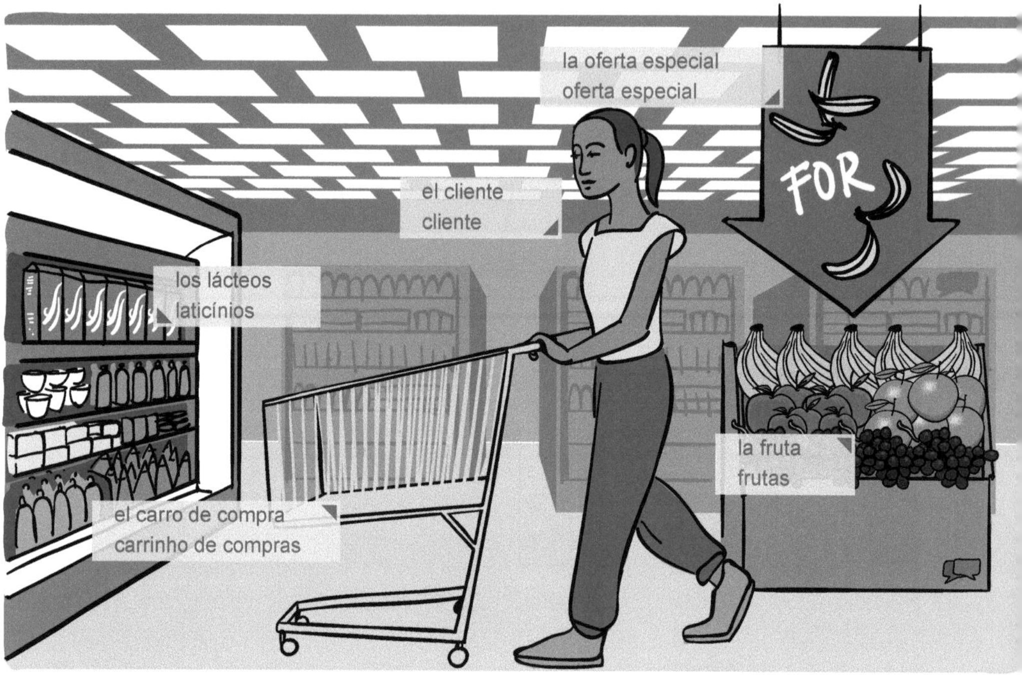

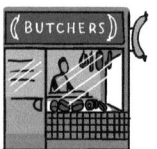

la carniceria

açougue

BAKERY

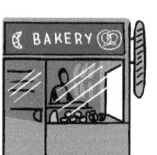

la panadería

padaria

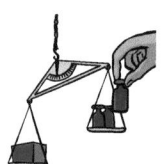

pesar

pesar

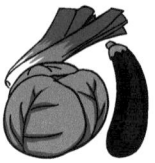

las verduras

legumes

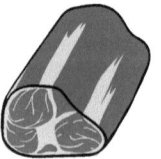

la carne

carne

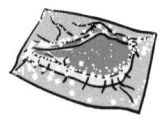

los alimentos congelados

congelados

los fiambres

charcutaria

las conservas

conservas

el detergente en polvo

detergente em pó

los dulces

doces

productos de uso doméstico

artigos domésticos

productos de limpieza

produtos de limpeza

la vendedora

vendedora

la caja de cartón

caixa

el cajero

caixa

la lista de la compra

lista de compras

el horario de atención al público

horário de funcionamento

la cartera

carteira

la tarjeta de crédito

cartão de crédito

la bolsa de plástico

sacola

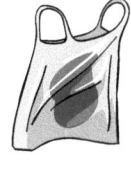

la bolsa de plástico

saco plástico

bebidas

el agua

água

el zumo

suco

la leche

leite

la cola

coca-cola

el vino

vinho

la cerveza

cerveja

el alcohol

álcool

el cacao

cacau

el té

chá

el café

café

el expreso

expresso

el capuchino

cappuccino

el plátano

banana

la manzana

maçã

la naranja

laranja

el melón

melão

el limón

limão

la zanahoria

cenoura

el ajo

alho

el bambú

bambu

la cebolla

cebola

el champiñón

cogumelo

las avellanas

nozes

los fideos

macarrão

las espagueti

espaguete

el arroz

arroz

la ensalada

salada

las patatas fritas

batatas fritas

las patatas fritas

batatas frias

la pizza

pizza

la hamburguesa

hambúrger

el sándwich

sanduíche

el filete

escalope

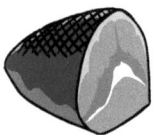

el jamón

presunto

le salami

salame

la salchicha

salsicha

el pollo

galinha

el asado

assado

el pescado

peixe

los copos de avena
flocos de aveia

el muesli
granola

los copos de maíz
flocos de milho

la harina
farinha

el cruasán
croissant

el panecillo
pãozinho

el pan
pão

la tostada
torrada

las galletas
biscoitos

la mantequilla
manteiga

la cuajada
requeijão

el pastel
bolo

el huevo
ovo

el huevo frito
ovo frito

el queso
queijo

la comida - comida

el helado

sorvete

el azúcar

açúcar

la miel

mel

la mermelada

geleia

la crema de turrón

creme de avelãs

el curry

curry

la granja
fazenda

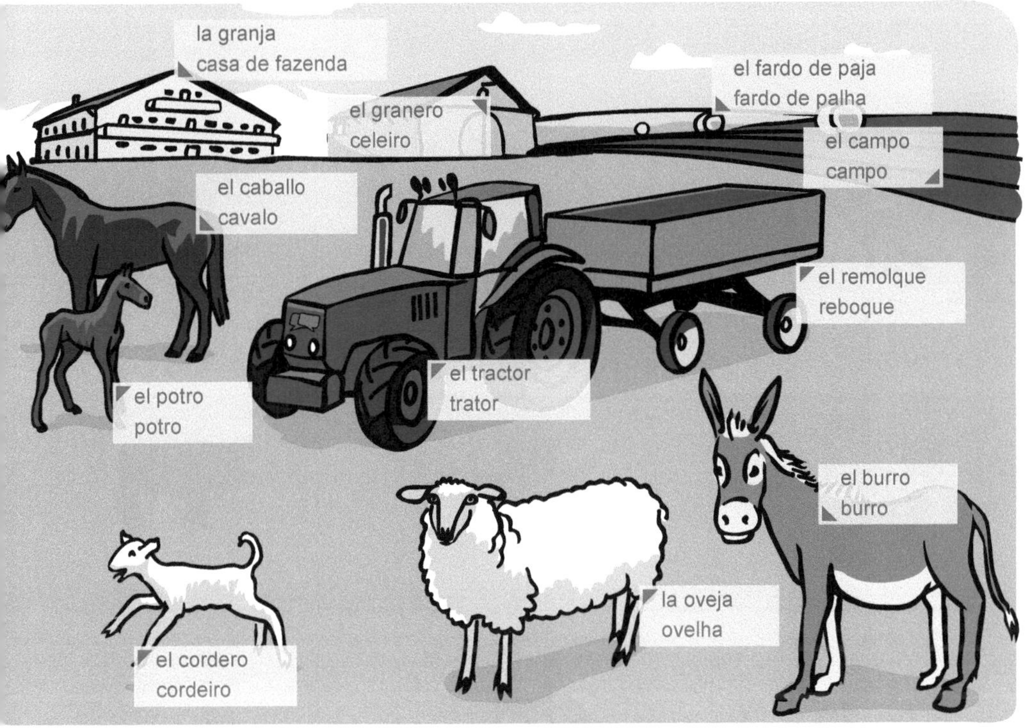

la granja
casa de fazenda
el granero
celeiro
el fardo de paja
fardo de palha
el campo
campo
el caballo
cavalo
el remolque
reboque
el tractor
trator
el potro
potro
el burro
burro
la oveja
ovelha
el cordero
cordeiro

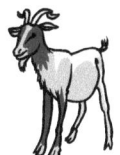

la cabra
cabra

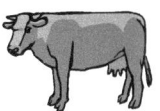

la vaca
vaca

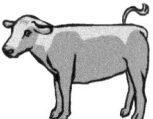

el ternero
bezerro

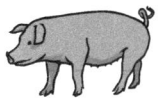

el cerdo
porco

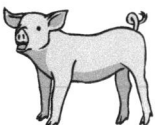

el cerdito
leitão

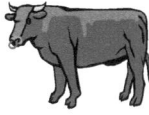

el toro
touro

el ganso
ganso

el pato
pato

el pollo
pintinho

la gallina
galinha

el gallo
galo

la rata
ratazana

el gato
gato

el ratón
camundongo

el buey
boi

el perro
cachorro

la perrera
casinha do cachorro

la manguera
mangueira de jardim

la regadera
regador

la guadaña
foice

el arado
arado

la hoz

foice

la azada

enxada

la horca

forquilha

el hacha

machado

la carretilla

carrinho de mão

el abrevadero

manjedoura

la lechera

jarra de leite

el saco

saco

la valla

cerca

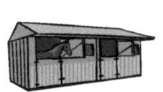

el establo

estábulo

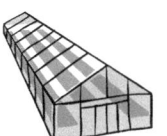

el invernadero

estufa

el suelo

solo

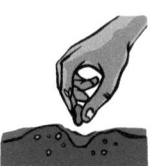

la semilla

semente

el fertilizador

fertilizante

la cosechadora

colheitadeira

la granja - fazenda

cosechar
colher

la cosecha
colheita

el ñame
inhame

el trigo
trigo

el soja
soja

la patata
batata

el maíz
milho

la semilla de colza
colza

el árbol frutal
árvore frutífera

la mandioca
mandioca

las cereales
cereais

la casa

casa

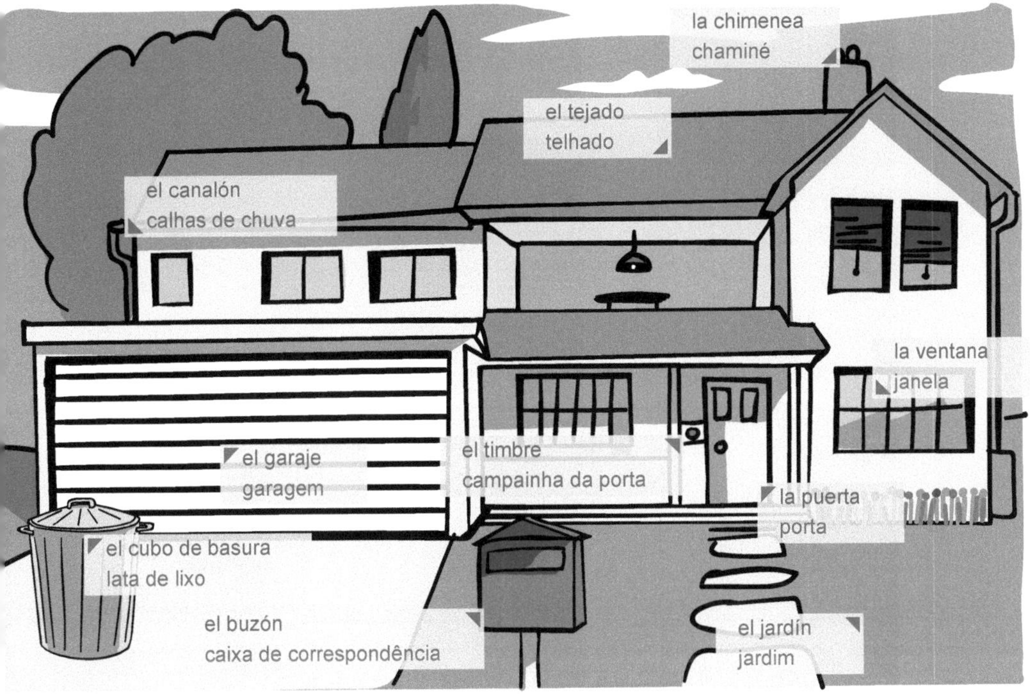
la chimenea
chaminé
el tejado
telhado
el canalón
calhas de chuva
la ventana
janela
el garaje
garagem
el timbre
campainha da porta
la puerta
porta
el cubo de basura
lata de lixo
el buzón
caixa de correspondência
el jardín
jardim

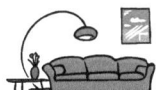

la sala
....
sala de estar

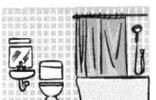

el cuarto de baño
....
banheiro

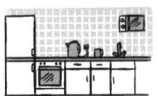

la cocina
....
cozinha

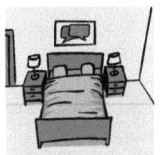

el dormitorio
....
quarto de dormir

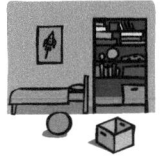

la habitación de los niños
....
quarto de criança

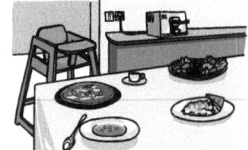

el comedor
....
sala de jantar

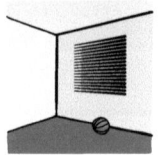

el suelo

chão

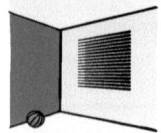

la pared

parede

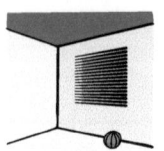

el techo

teto

el sótano

porão

la sauna

sauna

el balcón

varanda

la terraza

terraço

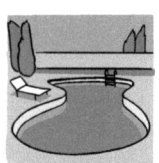

la piscina

piscina

el cortacésped

cortador de grama

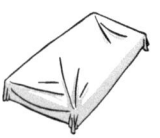

la sábana

lençol

la colcha

coberta

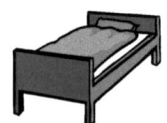

la cama

cama

la escoba

vassoura

el balde

balde

el interruptor

interruptor

la sala
sala de estar

el papel pintado
papel de parede
la imagen
quadro
la lámpara
lâmpada
el estante
prateleira
el armario
armário
la televisión
televisão
la chimenea
lareira
la flor
flor
el cojín
travesseiro
el sofá
sofá
el jarrón
vaso
el mando a distancia
controle remoto

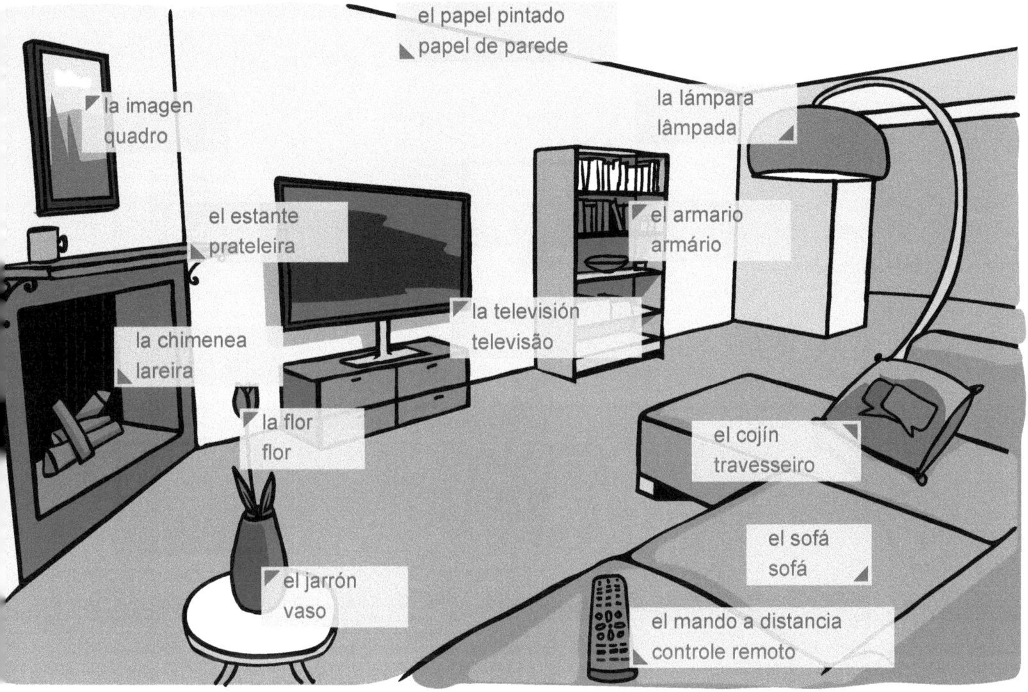

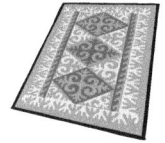

la alfombra

tapete

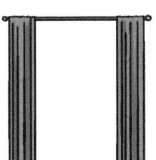

la cortina

cortina

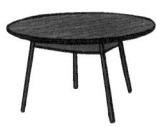

la mesa

mesa

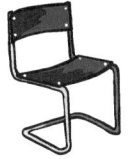

la silla

cadeira

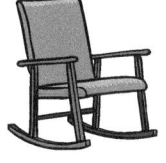

el mecedora

cadeira de balanço

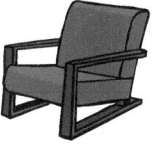

la butaca

poltrona

el libro

livro

la manta

cobertor

la decoración

decoração

la leña

lenha

la película

filme

el equipo de música

equipamento de som

la llave

chave

el periódico

jornal

la pintura

pintura

el póster

pôster

la radio

rádio

el cuaderno

bloco de notas

la aspiradora

aspirador

el cactus

cacto

la vela

vela

la cocina
cozinha

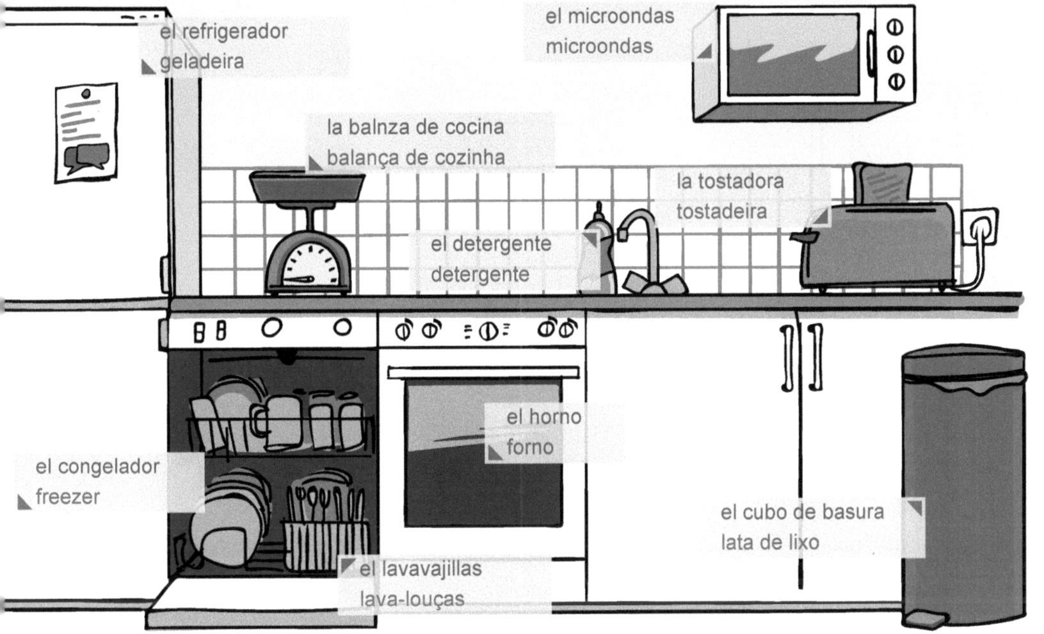
el refrigerador
geladeira
el microondas
microondas
la balnza de cocina
balança de cozinha
la tostadora
tostadeira
el detergente
detergente
el horno
forno
el congelador
freezer
el cubo de basura
lata de lixo
el lavavajillas
lava-louças

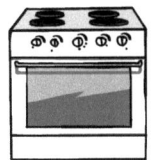

la olla a presión

fogão

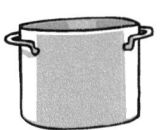

la olla

panela

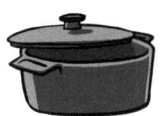

la olla de hierro fundido

panela de ferro

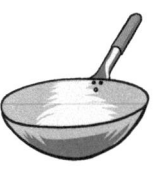

el wok

wok / kadai

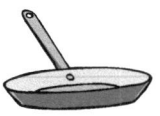

la cazuela

frigideira

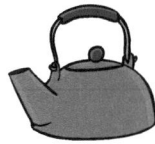

el hervidor

chaleira

la vaporera

panela a vapor

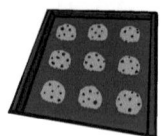

la chapa de horno

tabuleiro de forno

la vajilla

louça

la taza

caneca

el tazón

caçarola

los palillos

hashi

el cucharón

concha de sopa

la espumadera

espátula

el batidor

batedor

el colador

escorredor

el cedazo

peneira

el rallador

ralador

el mortero

almofariz

la barbacoa

churrasqueira

la hoguera

lareira

la tabla de picar

tábua de cortar

el rodillo

rolo da massa

el sacacorchos

saca-rolhas

la lata

lata

el abrelatas

abridor de latas

el agarrador

pegador de panela

el lavabo

pia

el cepillo

escova

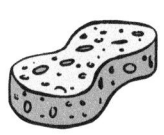

la esponja

esponja

la batidora

liquidificador

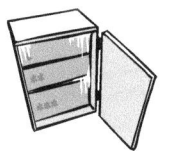

el congelador

congelador

el biberón

mamadeira

el grifo

torneira

el cuarto de baño
banheiro

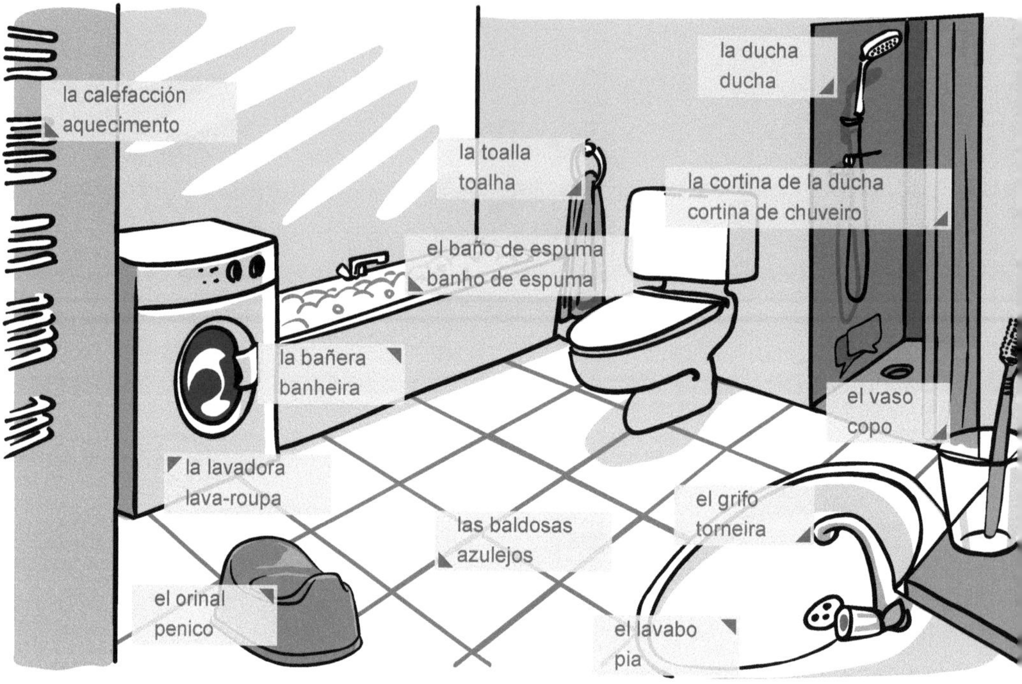

la ducha
ducha
la calefacción
aquecimento
la toalla
toalha
la cortina de la ducha
cortina de chuveiro
el baño de espuma
banho de espuma
la bañera
banheira
el vaso
copo
la lavadora
lava-roupa
el grifo
torneira
las baldosas
azulejos
el orinal
penico
el lavabo
pia

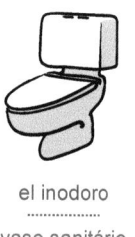

el inodoro
vaso sanitário

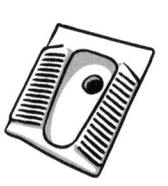

el inodoro rústico
lavabo de agachar

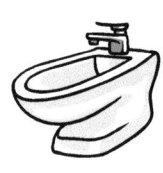

el bidé
bidê

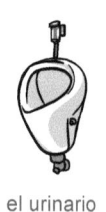

el urinario
mictório

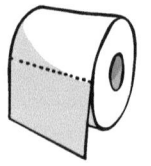

el papel higiénico
papel higiênico

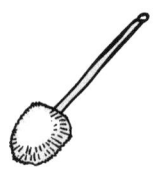

la escobilla del váter
escova de privada

el cepillo de dientes

escova de dentes

la pasta de dientes

pasta de dentes

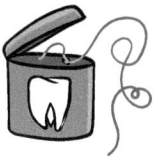

el hilo dental

fio dental

lavar

lavar

la ducha de mano

ducha de mão

la ducha íntima

ducha íntima

la pila

bacia

el cepillo de espalda

escova para as costas

el jabón

sabonete

el gel de ducha

gel de banho

el champú

xampu

la toallita

toalha de rosto

el desagüe

escoamento

la crema

creme

el desodorante

desodorante

el espejo

espelho

el espejo de tocador

espelho de mão

la maquinilla de afeitar

barbeador

la espuma de afeitar

espuma de barbear

la loción postafeitado

loção pós-barba

el peine

pente

el cepillo

escova

el secador

secador de cabelo

la laca

spray de cabelo

el maquillaje

maquiagem

el pintalabios

batom

el pintauñas

esmalte de unhas

el algodón

algodão

el cortauñas

tesoura para unhas

el perfume

perfume

el estuche de viaje

nécessaire

la banqueta

banquinho

la balanza

balança

el albornoz

roupão de banho

los guantes de goma

luvas de borracha

el tampón

absorvente interno

la compresa

absorvente íntimo

el inodoro químico

banheiro químico

la habitación de los niños
quarto de criança

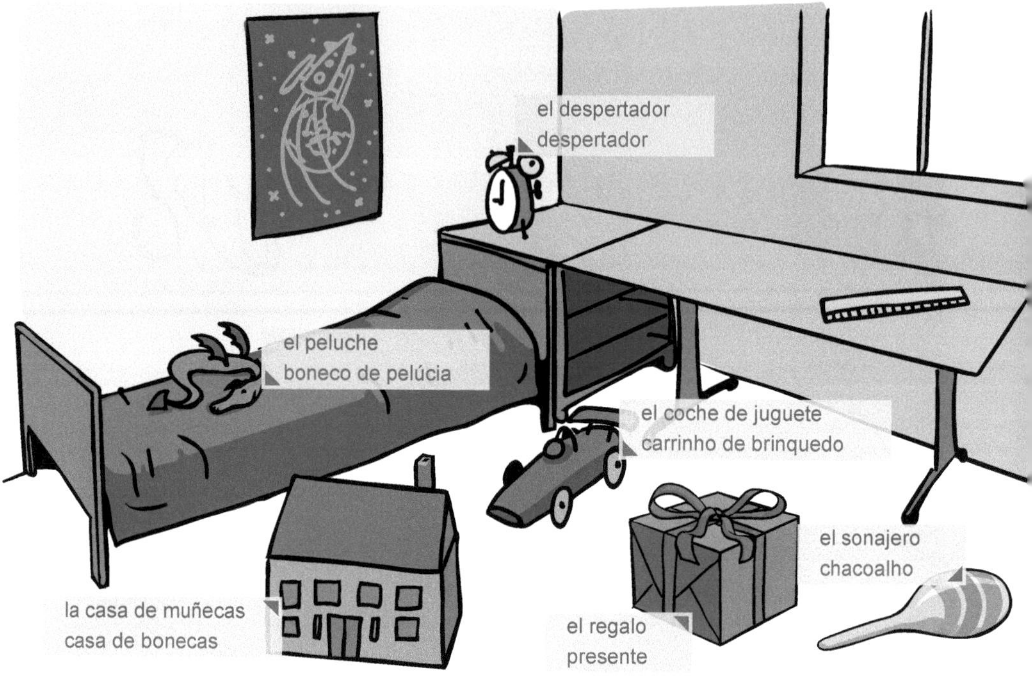

el despertador
despertador

el peluche
boneco de pelúcia

el coche de juguete
carrinho de brinquedo

el sonajero
chacoalho

la casa de muñecas
casa de bonecas

el regalo
presente

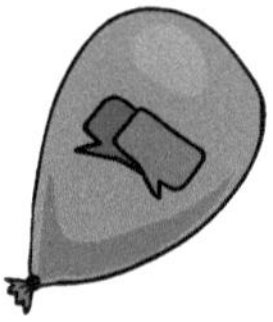

el globo
balão

la cama
cama

el coche de niño
carrinho de bebê

los naipes
jogo de cartas

el puzle
quebra-cabeças

el tebeo
revista de quadrinhos

las piezas de lego

peças de Lego

los bloques de juguete

blocos de construção

la figura de acción

figura de ação

el bodi (de bebé)

macaquinho de bebê

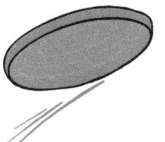

el frisbee

frisbee

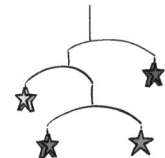

el colgador móvil para bebés

móbile para bebé

el juego de mesa

jogo de tabuleiro

los dados

dados

el circuito de tren eléctrico

trenzinho elétrico

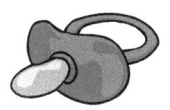

el maniquí

chupeta

la fiesta

festa

el álbum de fotos

livro ilustrado

la pelota

bola

la muñeca

boneca

jugar

brincar

el cajón de arena

caixa de areia

el columpio

balanço

los juguetes

brinquedos

la videoconsola

videogame

el triciclo

triciclo

el oso de peluche

ursinho de pelúcia

la guardarropa

guarda-roupa

la ropa
vestuário

los calcetines

meias

las medias

meias pelo joelho

los leotardos

meias-calças

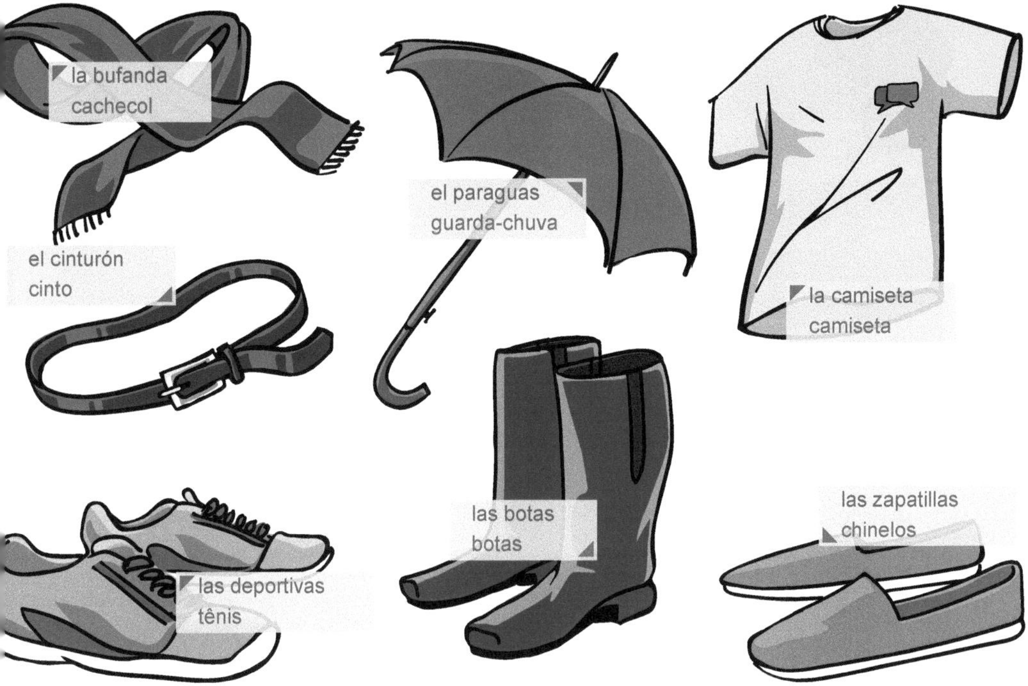

la bufanda
cachecol

el paraguas
guarda-chuva

la camiseta
camiseta

el cinturón
cinto

las botas
botas

las zapatillas
chinelos

las deportivas
tênis

las sandalias
....
sandálias

los zapatos
....
sapatos

las botas de goma
....
botas de borracha

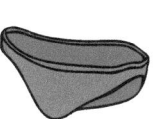

el slip
....
roupa de baixo

el sostén
....
sutiã

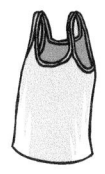

el chaleco
....
camiseta de baixo

el bodi

body

los pantalones cortos

calças

los vaqueros

jeans

la falda

saia

la blusa

blusa

la camisa

camisa

el jersey

pulôver

el suéter

suéter com capuz

el blazer

blazer

la chaqueta

jaqueta

el abrigo

casaco

la gabardina

gabardine

el traje

traje

el vestido

vestido

el vestido de novia

vestido de casamento

el traje

terno

el camisón

camisola

el pijama

pijama

el sati

sari

el bandana

lenço de cabeça

el turbante

turbante

la burka

burca

el caftán

cafetã

la abaya

abaya

el traje de baño

maiô

el bañador

sunga

los pantalones cortos

shorts

el chándal

roupa de treino

el delantal

avental

los guantes

luvas

el botón

botão

las gafas

óculos

el brazalete

pulseira

el collar

colar

el anillo

anel

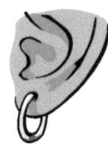

el pendiente

brinco

la gorra

boné

la percha

cabide

el sombrero

chapéu

la corbata

gravata

la cremallera

zíper

el casco

capacete

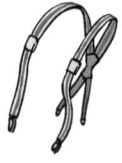

los tirantes

suspensórios

el uniforme

uniforme escolar

el uniforme

uniforme

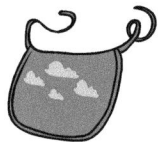

el babero
babador

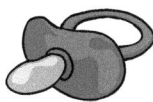

el maniquí
chupeta

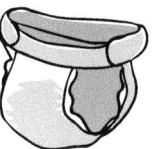

el pañal
fralda

la oficina
escritório

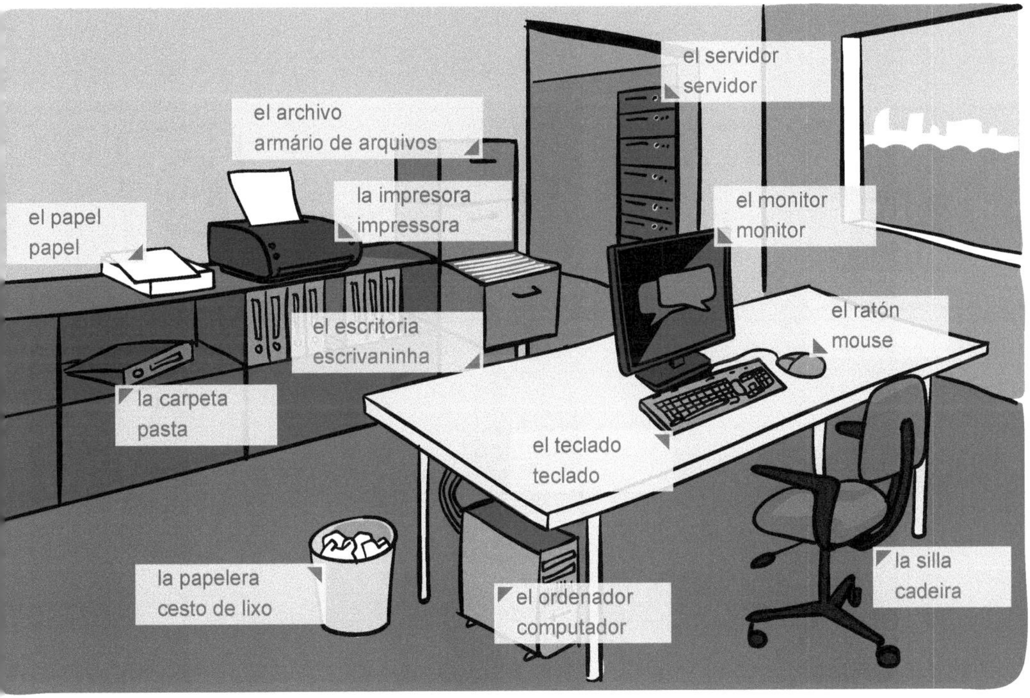
el servidor
servidor
el archivo
armário de arquivos
la impresora
impressora
el monitor
monitor
el papel
papel
el ratón
mouse
el escritoria
escrivaninha
la carpeta
pasta
el teclado
teclado
la silla
cadeira
la papelera
cesto de lixo
el ordenador
computador

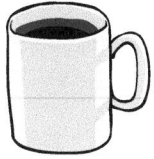

la taza de café
xícara de café

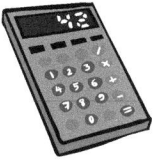

la calculadora
calculadora

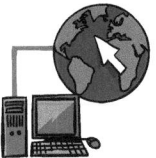

el internet
internet

el portátil

laptop

la carta

carta

el mensaje

mensagem

el móvil

celular

la red

rede

la fotocopiadora

copiadora

el software

software

el teléfono

telefone

la toma de corriente

tomada

el fax

fax

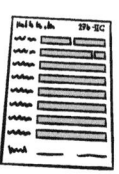

el formulario

formulário

el documento

documento

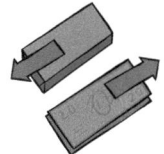

comprar

comprar

pagar

pagar

comerciar

negociar

el dinero

dinheiro

el dólar

Dólar

el euro

Euro

el yen

Yen

el rublo

rublo

el franco suizo

franco suíço

el renminbi yuan

renminbi yuan

la rupia

rupia

el cajero automático

caixa eletrônico

la oficina de cambio de divisas

casa de câmbio

el oro

ouro

la plata

prata

el petróleo

petróleo

la energía

energia

el precio

preço

el contrato

contrato

el impuesto

imposto

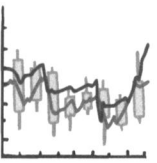

la acción

ação

trabajar

trabalhar

el empleador

empregado

el empleador

empregador

la fábrica

fábrica

la tienda de campaña

loja

los oficios
profissões

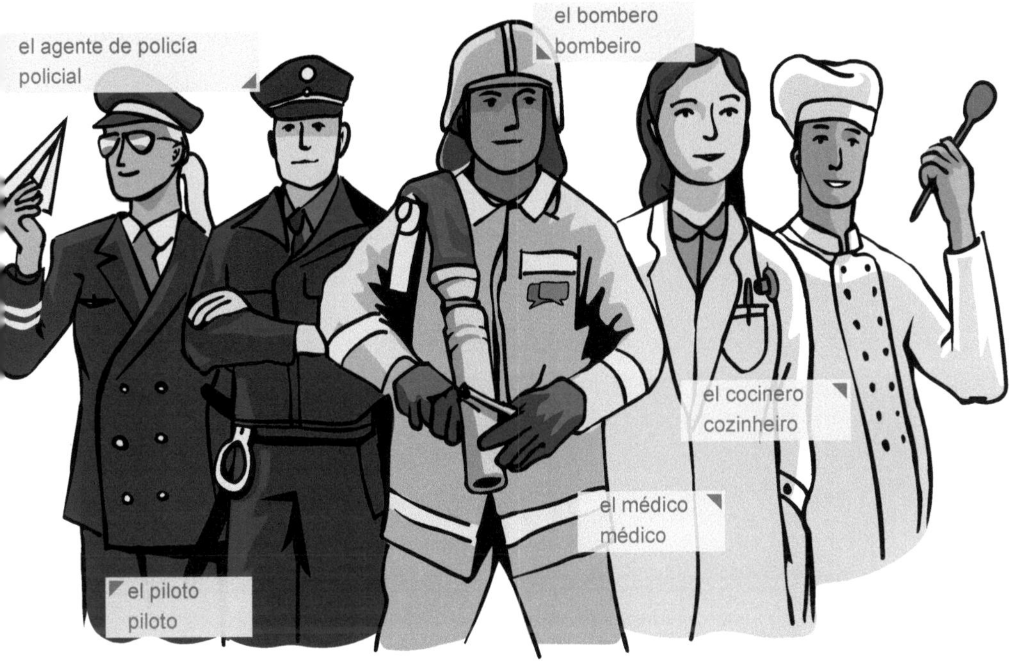
el bombero
bombeiro
el agente de policía
policial
el cocinero
cozinheiro
el médico
médico
el piloto
piloto

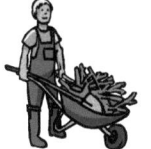

el jardinero

jardineiro

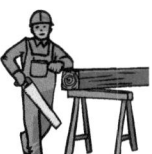

el carpintero

marceneiro

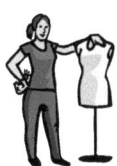

la costurera

costureira

el juez

juiz

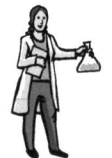

el farmacéutico

químico

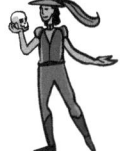

el actor

ator

el conductor de autobús

motorista de ônibus

el taxista

motorista de táxi

el pescador

pescador

la señora de la limpieza

faxineira

el techador

telhador

el camarero

garçom

el cazador

caçador

el pintor

pintor

el panadero

padeiro

el electricista

eletricista

el obrero

construtor

el ingeniero

engenheiro

el carnicero

açougueiro

el fontanero

encanador

el cartero

carteiro

el soldado

soldado

el arquitecto

arquiteto

el cajero

caixa

el florista

florista

el peluquero

cabelereiro

el revisor

condutor

el mecánico

mecânico

el capitán

capitão

el dentista

dentista

el científico

cientista

el rabino

rabino

el imán

imam

el monje

monge

el sacerdote

pastor

las herramientas
ferramentas

el martillo
martelo
los alicates
alicate
el destornillador
chave de fenda
la llave
chave inglesa
la linterna
lanterna

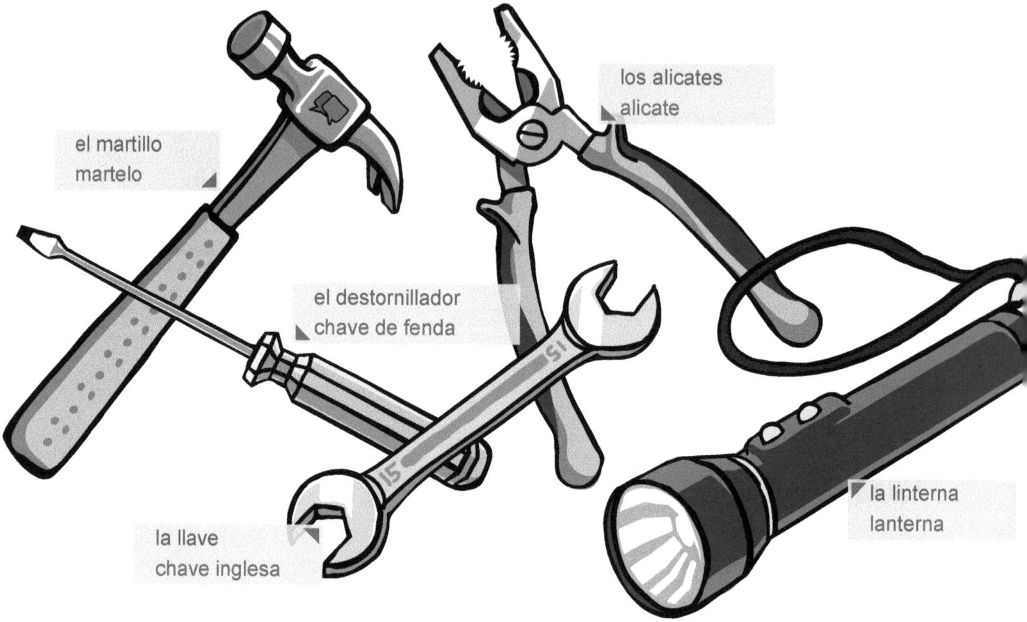

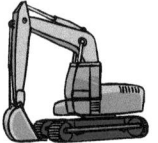

la excavadora

escavadora

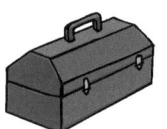

la caja de herramientas

caixa de ferramentas

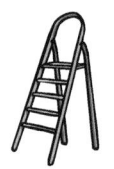

la escalera de mano

escada de mão

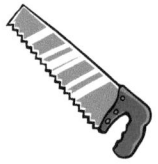

la sierra

serra

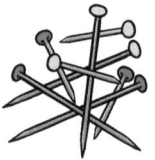

los clavos

pregos

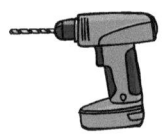

el taladro

furadeira

reparar
consertar

la pala
pá

¡Maldita sea!
Droga!

el recogedor
pá de lixo

el bote de pintura
pote de tinta

los tornillos
parafusos

los instrumentos musicales
instrumentos musicais

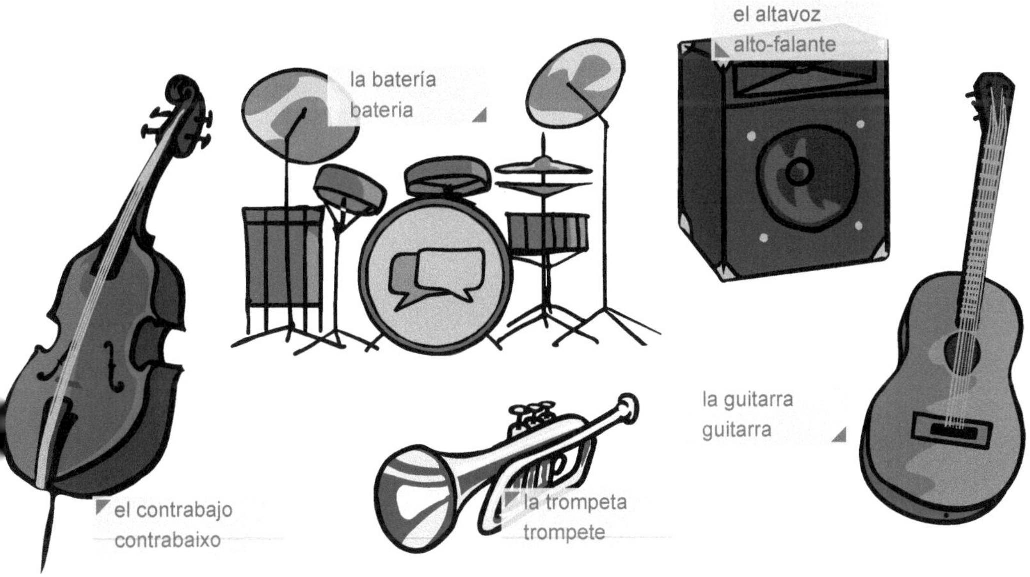

el altavoz
alto-falante

la batería
bateria

la guitarra
guitarra

el contrabajo
contrabaixo

la trompeta
trompete

el piano

piano

el violín

violino

bajo

baixo

los timbales

timbales

el tambor

tambor

el teclado

teclado

el saxofón

saxofone

la flauta

flauta

el micrófono

microfone

el zoo

zoológico

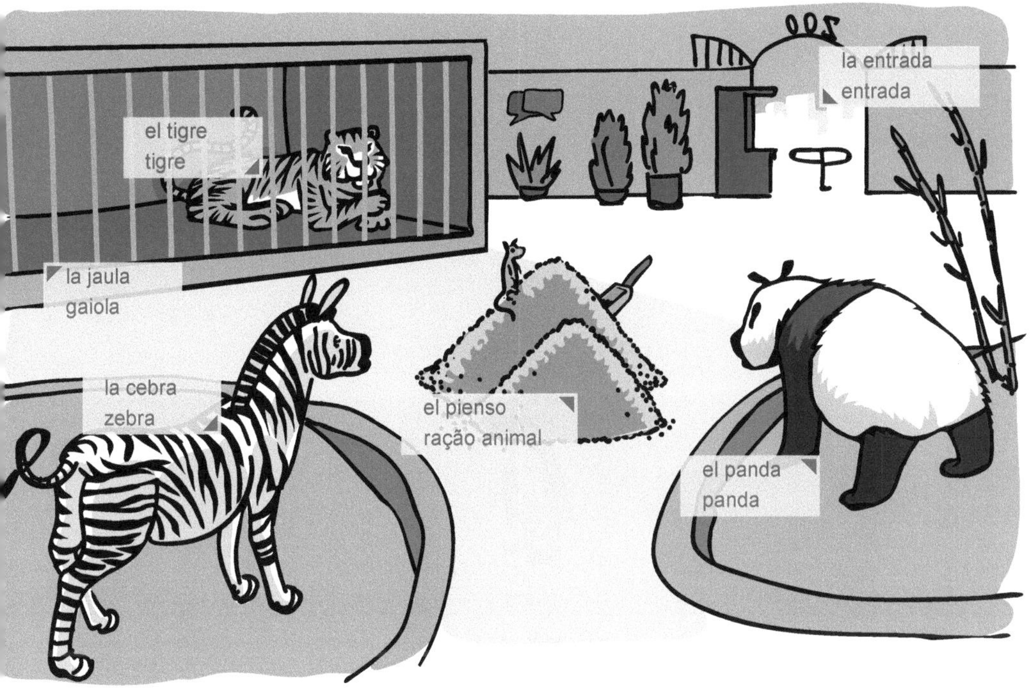

la entrada
entrada
el tigre
tigre
la jaula
gaiola
la cebra
zebra
el pienso
ração animal
el panda
panda

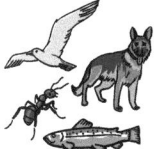

los animales

animais

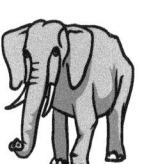

el elefante

elefante

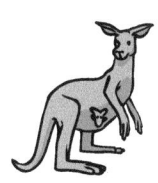

el canguro

canguru

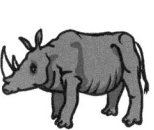

el rinoceronte

rinoceronte

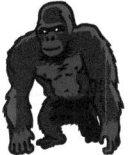

el gorila

gorila

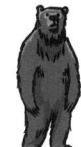

el oso

urso

el camello

camelo

el avestruz

avestruz

el león

leão

el mono

macaco

el flamingo

flamingo

el loro

papagaio

el oso polar

urso polar

el pingüino

pinguim

el tiburón

tubarão

el pavo real

pavão

la serpiente

cobra

el cocodrilo

crocodilo

el guardián de zoológico

guarda do zoológico

la foca

foca

el jaguar

jaguar

el poni

pônei

el leopardo

leopardo

el hipopótamo

hipopótamo

la jirafa

girafa

el águila

águia

el jabalí

javali

el pescado

peixe

la tortuga

tartaruga

la morsa

morsa

el zorro

raposa

la gacela

gazela

el zoo - zoológico

el fútbol americano
futebol americano

el ciclismo
ciclismo

el tenis
tênis

el baloncesto
basquete

la natación
natação

el boxeo
boxe

el hockey sobre hielo
hóquei no gelo

el fútbol
futebol

el bádminton
badminton

el atletismo
atletismo

el balonmano
handebol

el esquí
esqui

el polo
polo

saltar
pular

reír
rir

abrazar
abraçar

caminar
andar

cantar
cantar

soñar
sonhar

rezar
rezar

besar
beijar

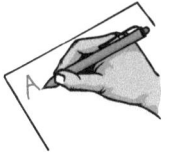

escribir

escrever

dibujar

desenhar

mostrar

mostrar

empujar

empurrar

dar

dar

tomar

tomar

tener
ter

hacer
fazer

ser
ser

estar de pie
ficar de pé

correr
correr

tirar
puxar

tirar
jogar

caer
cair

yacer
deitar

esperar
esperar

llevar
carregar

estar sentado
sentar

vestirse
vestir

dormir
dormir

despertar
despertar

mirar

olhar para

llorar

chorar

acariciar

acariciar

peinar

pentear

hablar

falar

entender

entender

preguntar

perguntar

escuchar

ouvir

beber

beber

comer

comer

ordenar

arrumar

amar

amar

cocinar

cozinhar

conducir

dirigir

volar

voar

navegar

velejar

calcular

calcular

leer

ler

aprender

aprender

trabajar

trabalhar

casarse

casar

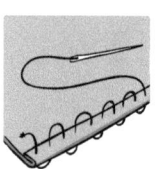

coser

costurar

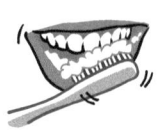

cepillarse los dientes

escovar os dentes

matar

matar

fumar

fumar

enviar

enviar

la familia
família

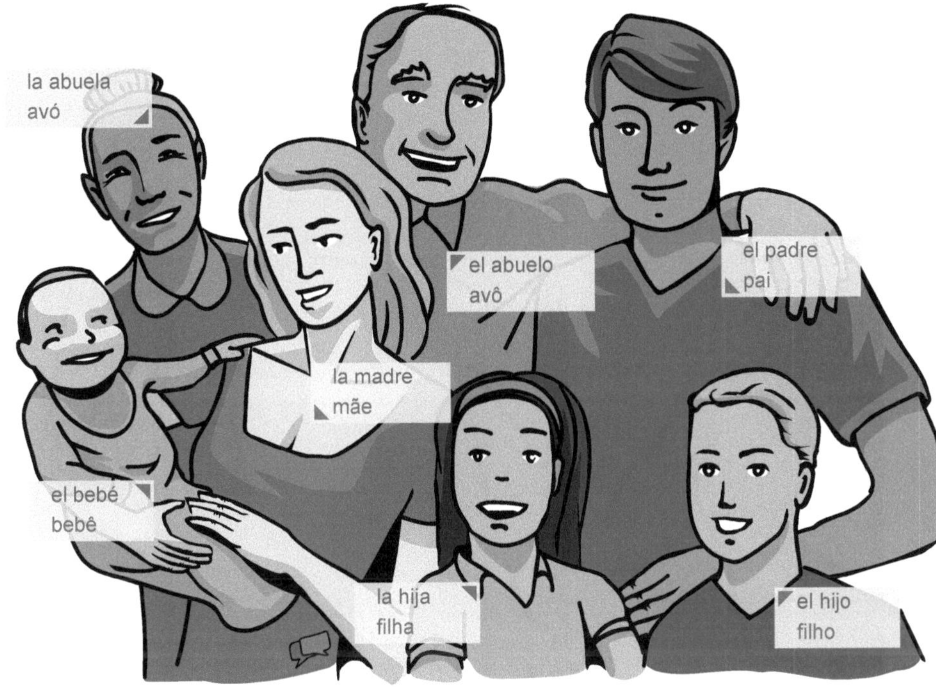
la abuela
avó
el abuelo
avô
el padre
pai
la madre
mãe
el bebé
bebê
la hija
filha
el hijo
filho

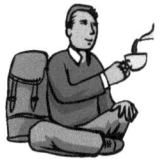

el invitado
convidado

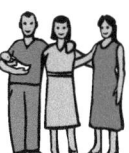

la tía
tia

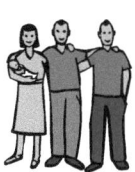

el tío
tio

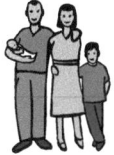

el hermano
irmão

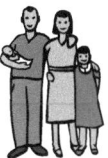

la hermana
irmã

el cuerpo

corpo

la frente
testa
el ojo
olho
el hombro
ombro
el dedo
dedo
la cara
rosto
la barbilla
queixo
la mano
mão
la pierna
perna
el pecho
peito
el brazo
braço

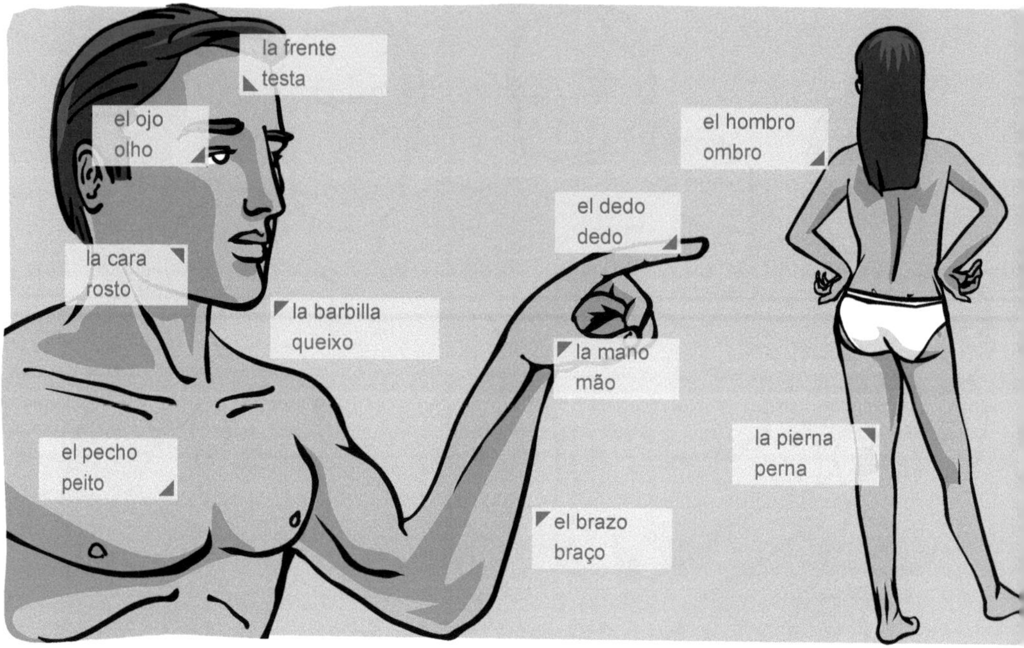

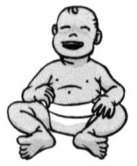

el bebé

bebê

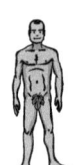

el hombre

homem

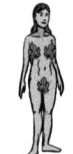

la mujer

mulher

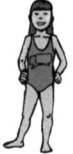

la chica

menina

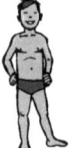

el chico

menino

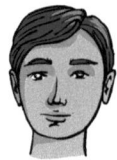

la cabeza

cabeça

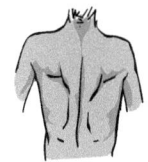

la espalda

costas

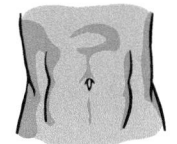

el vientre

barriga

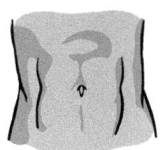

el ombligo

umbigo

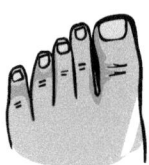

el dedo del pie

dedo do pé

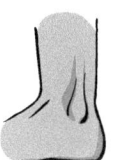

el talón

calcanhar

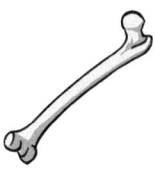

el hueso

osso

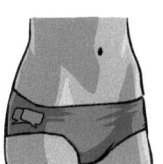

la cadera

anca

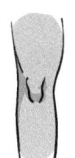

la rodilla

joelho

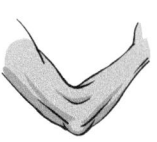

el codo

cotovelo

la nariz

nariz

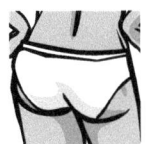

el trasero

nádegas

la piel

pele

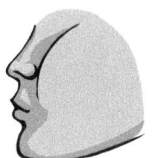

la mejilla

bochecha

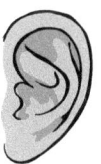

el oído

orelha

el labio

lábio

el cuerpo - corpo

la boca

boca

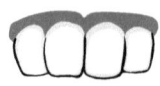

el diente

dente

la lengua

língua

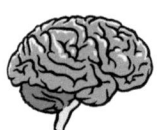

el cerebro

cérebro

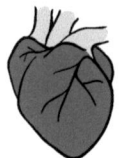

el corazón

coração

el músculo

músculo

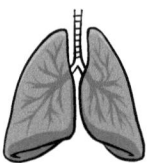

el pulmón

pulmão

el hígado

fígado

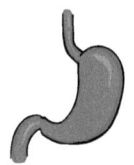

el estómago

estômago

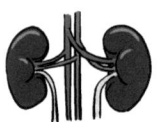

los riñones

rins

el sexo

relações sexuais

el condón

preservativo

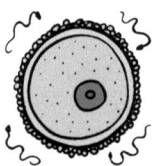

el ovario

óvulo

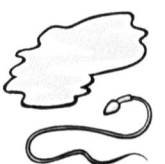

el semen

esperma

el embarazo

gravidez

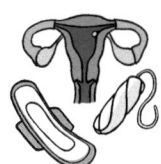

la menstruación

menstruação

la vagina

vagina

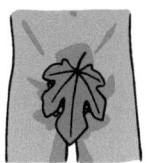

el pene

pênis

la ceja

sobrancelha

el pelo

cabelo

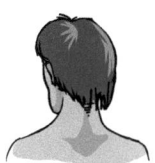

el cuello

pescoço

el hospital
hospital

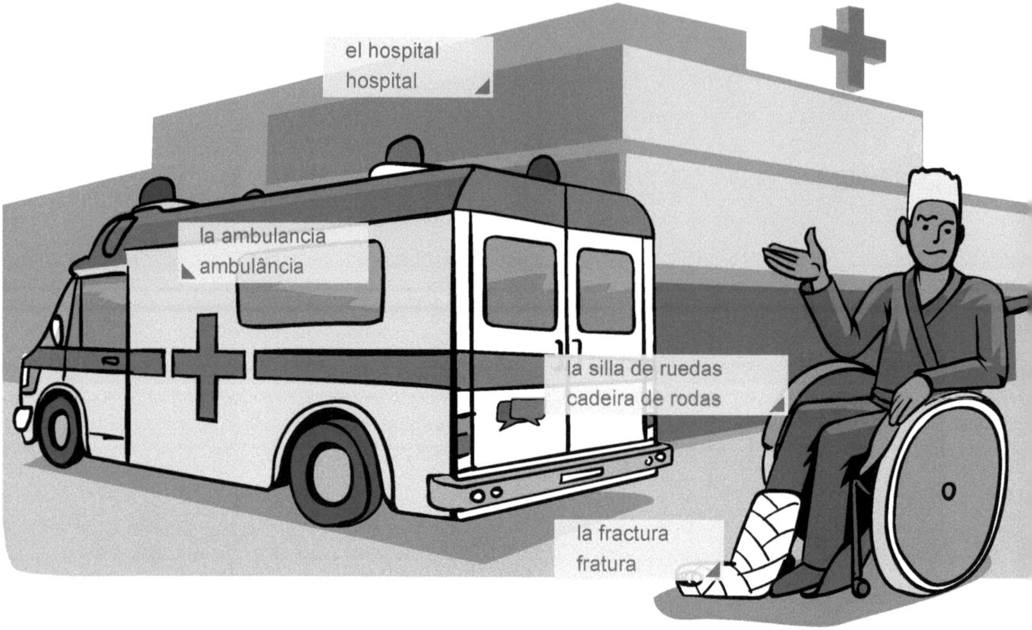

el hospital
hospital
la ambulancia
ambulância
la silla de ruedas
cadeira de rodas
la fractura
fratura

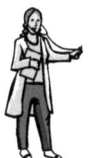

el médico
médico

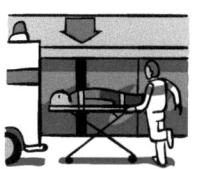

la sala de urgencias
pronto-socorro

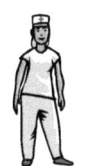

la enfermera
enfermeira

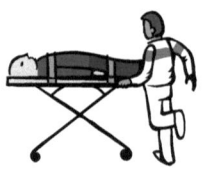

la urgencia
emergência

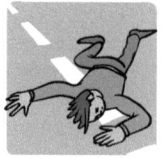

inconsciente
inconsciente

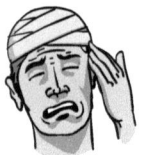

el dolor
dor

la lesión

ferimento

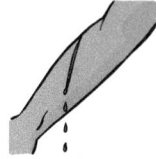

la hemorragia

hemorragia

el infarto

ataque cardíaco

el ictus

acidente vacular cerebral

la alergia

alergia

la tos

tosse

la fiebre

febre

la gripe

gripe

la diarrea

diarreia

el dolor de cabeza

dor de cabeça

el cáncer

câncer

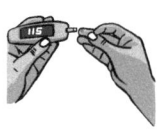

la diabetes

diabetes

el cirujano

cirurgião

el bisturí

bisturi

la operación

operação

TAC
CT

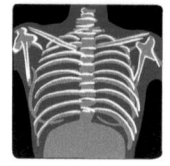

los rayos x
raio x

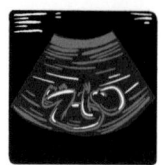

el ultrasonido
ultrassom

la mascarilla
máscara

la enfermedad
doença

la sala de espera
sala de espera

la muleta
muleta

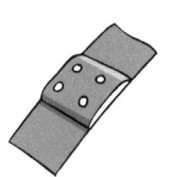

la tirita
bandeide

la venda
ligadura

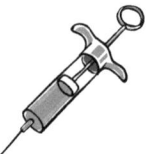

la inyección
injeção

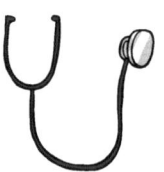

el estetoscopio
estetoscópio

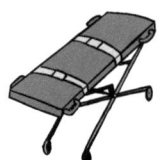

la camilla
maca

el termómetro
termômetro

el nacimiento
nascimento

el sobrepeso
excesso de peso

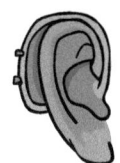

el audífono
aparelho auditivo

el desinfectante
desinfetante

la infección
infecção

el virus
vírus

VIH / SIDA
HIV / AIDS

la medicina
medicamento

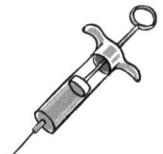

la vacunación
vacinação

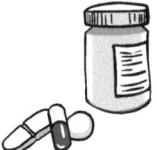

las tabletas
comprimidos

la pastilla
pílula

la llamada de urgencia
chamada de emergência

el tensiómetro
dispositivo de medição de
pressão arterial

enfermo / sano
doente / saudável

¡Socorro!

Socorro!

la alarma

alarme

el asalto

assalto

el ataque

ataque

el peligro

perigo

la salida de emergencia

saída de emergência

¡Fuego!

Fogo!

el extintor de incendios

extintor de incêndios

el accidente

acidente

el botiquín de primeros
auxilios

maleta de primeiros
socorros

SOS

SOS

la policía

polícia

Europa

Europa

Norteamérica

América do Norte

Sudamérica

América do Sul

África

África

Asia

Ásia

Australia

Austrália

el atlántico

Atlântico

el Pacífico

Pacífico

el Océano Índico

Oceano Índico

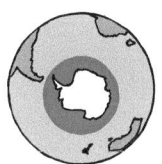

el Océano Antártico

Oceano Antártico

el Océano Ártico

Oceano Ártico

el polo norte

Polo Norte

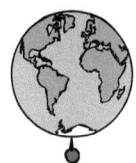

el polo sur

Polo Sul

La Antártida

Antártica

la tierra

Terra

la tierra

terra

el mar

mar

la isla

ilha

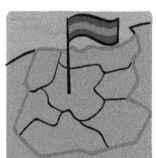

la nación

nação

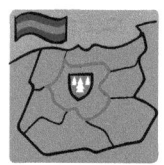

el estado

estado

la esfera

mostrador do relógio

la manecilla de las horas

ponteiro das horas

el minutero

ponteiro dos minutos

el segundero

ponteiro dos segundos

¿Qué hora es?

Que horas são?

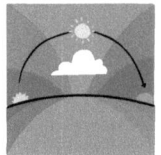

el día

dia

el tiempo

tempo

ahora

agora

el reloj digital

relógio digital

el minuto

minuto

la hora

hora

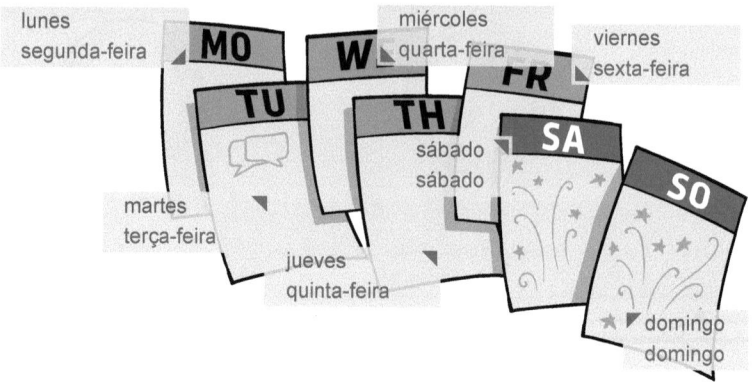

lunes
segunda-feira

miércoles
quarta-feira

viernes
sexta-feira

martes
terça-feira

jueves
quinta-feira

sábado
sábado

domingo
domingo

ayer
ontem

hoy
hoje

mañana
amanhã

la mañana
manhã

el mediodía
meio-dia

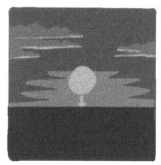

la tarde
entardecer

los días laborables
dias úteis

el fin de semana
fim de semana

el año
ano

la lluvia
chuva
el arcoíris
arco-íris
la nieve
neve
el viento
vento
la primavera
primavera
el otoño
outono
el verano
verão
el invierno
inverno

4.APRIL 11°
5.APRIL 4°
6.APRIL 13°
7.APRIL 8°
8.APRIL 10°

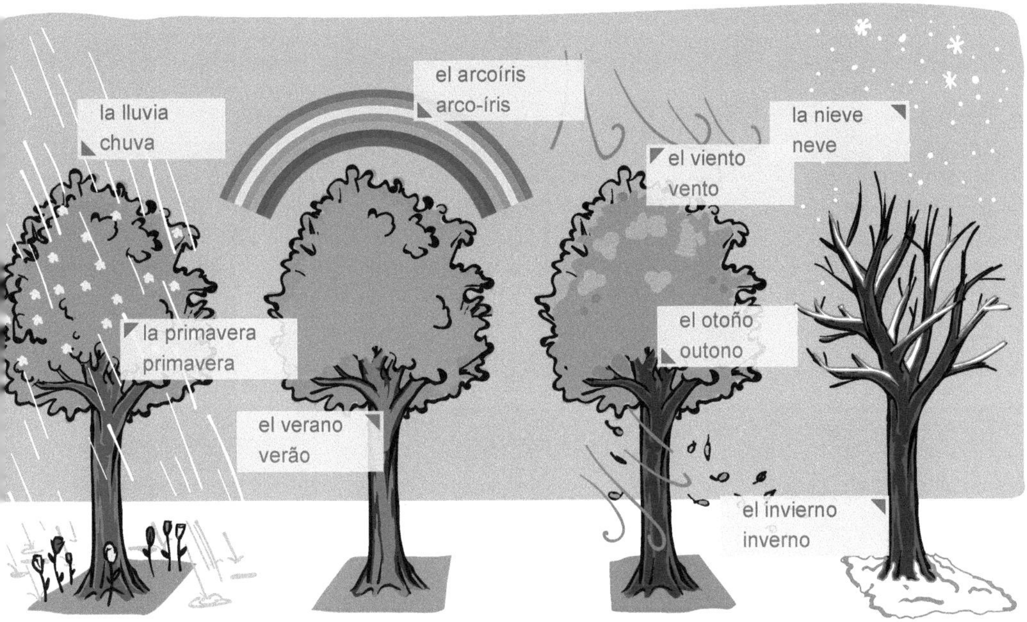

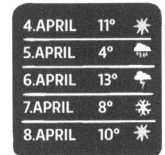

el pronóstico del tiempo

previsão do tempo

F C
120 40
90 30
60 20
30 10
0 0
-30 -10
-20

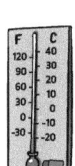

el termómetro

termômetro

el sol

raio de sol

la nube

nuvem

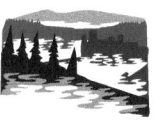

la niebla

neblina / nevoeiro

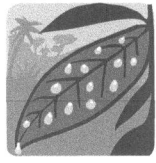

la humedad

umidade do ar

el rayo

relâmpago

el trueno

trovão

la tormenta

tempestade

el granizo

granizo

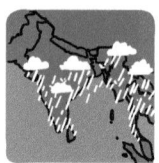

el monzón

monção

la inundación

inundação

el hielo

gelo

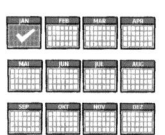

enero

janeiro

febrero

fevereiro

marzo

março

abril

abril

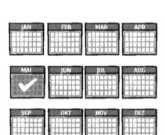

mayo

maio

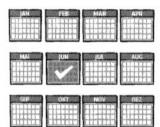

junio

junho

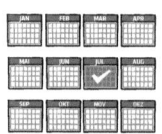

julio

julho

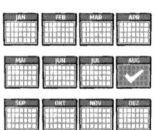

agosto

agosto

el año - ano

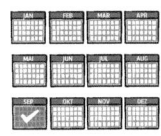

septiembre

setembro

octubre

outubro

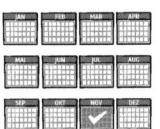

noviembre

novembro

diciembre

dezembro

el círculo

círculo

el cuadrado

quadrado

el rectángulo

retângulo

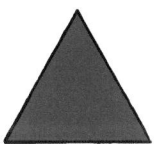

el triángulo

triângulo

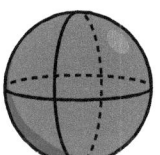

la esfera

esfera

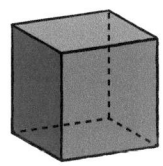

el cubo

cubo

blanco

branco

amarillo

amarelo

anaranjado

laranja

rosa

rosa

rojo

vermelho

morado

lilás

azul

azul

verde

verde

marrón

marrom

gris

cinza

negro

preto

mucho / poco

muito / pouco

enojado / tranquilo

furioso / tranquilo

bonito / feo

lindo / feio

principio / fin

começo / fim

grande / pequeño

grande / pequeno

claro / oscuro

claro / escuro

el hermano / la hermana

irmão / irmã

limpio / sucio

limpo / sujo

completo / incompleto

completo / incompleto

el día / la noche

dia / noite

muerto / vivo

morto / vivo

ancho / estrecho

largo / estreito

comestible / no comestible

comestível / não comestível

malo / amable

mau / gentil

entusiasmado / aburrido

entusiasmado / entediado

gordo / delgado

gordo / magro

primero / último

primeiro / último

el amigo / el enemigo

amigo / inimigo

lleno / vacío

cheio / vazio

duro / blando

duro / macio

pesado / ligero

pesado / leve

el hambre / la sed

fome / sede

enfermo / sano

doente / saudável

ilegal / legal

ilegal / legal

inteligente / tonto

inteligente / idiota

izquierda / derecha

esquerda / direita

cerca / lejos

perto / longe

nuevo / usado
novo / usado

nada / algo
nada / alguma coisa

viejo / joven
velho / jovem

encendido / apagado
ligado / desligado

abierto / cerrado
aberto / fechado

silencioso / ruidoso
baixo / alto

rico / pobre
rico / pobre

correcto / incorrecto
certo / errado

áspero / suave
áspero / liso

triste / contento
triste / feliz

corto / largo
curto / longo

lento / rápido
lento / rápido

húmedo / seco
molhado / seco

cálido / frío
ameno / fresco

guerra / paz
guerra / paz

los números

números

0	**1**	**2**
cero	uno	dos
zero	um	dois
3	**4**	**5**
tres	cuatro	cinco
três	quatro	cinco
6	**7**	**8**
seis	siete	ocho
seis	sete	oito
9	**10**	**11**
nueve	diez	once
nove	dez	onze

12

doce

doze

13

trece

treze

14

catorce

quatorze

15

quince

quinze

16

dieciséis

dezesseis

17

diecisiete

dezessete

18

dieciocho

dezoito

19

diecinueve

dezenove

20

veinte

vinte

100

cien

cem

1.000

mil

mil

1.000.000

el millón

milhão

el inglés

inglês

el inglés americano

inglês americano

el chino madarín

chinês mandarim

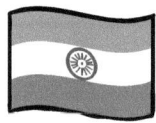

el hindi

hindi

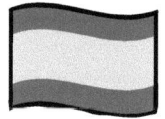

el español

espanhol

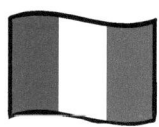

el francés

francês

el árabe

árabe

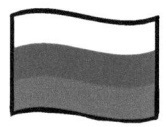

el ruso

russo

el portugués

português

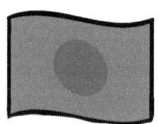

el bengalí

bengalês

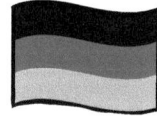

el alemán

alemão

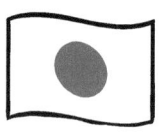

el japonés

japonês

yo

eu

tú

você

él / ella / ello

ele / ela

nosotros/as

nós

vosotros/as

vocês

ellos/as

eles / elas

¿quién?

quem?

¿qué?

O quê?

¿cómo?

como?

¿dónde?

onde?

¿cuándo?

Quando?

el nombre

nome

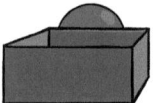

detrás
atrás

en
em

delante de
na frente de

por encima de
sobre

sobre
em cima

debajo de
debaixo

junto a
do lado

entre
entre

el lugar
lugar